Schimpfwörter, die es nicht auf Hochdeutsch gibt

ANDREA SCHOMBURG

Schimpfwörter, die es nicht auf Hochdeutsch gibt

MIT ILLUSTRATIONEN VON
NIKOLAUS HEIDELBACH

DUMONT

Einleitung

»Komm her, du *Säu-Iischel!*«, rief im besten Suhler Dialekt meine Thüringer Oma, als sie versuchte, für uns einen Schmetterling zu fangen. Sau-Igel! Mein kleiner Bruder und ich waren begeistert. Dieses Wort kannten wir nicht, wie wir überhaupt vor »bösen Wörtern« streng behütet wurden. Das Äußerste, was meine Mutter zu mir sagte, wenn ich wieder einmal den Kopf in den Wolken und »einfach zu viel Fantasie« hatte, war: »Andrea, du Lerchenfeld!« Sie muss es selbst erfunden haben; ich habe es seitdem nirgendwo mehr gehört oder gelesen. Aber in meinem Kopf entstand damals ein Bild von einem Feld, aus dem, wuselig und ungeordnet, ein Schwarm von Lerchen aufsteigt. Vielleicht rührt mein späteres Interesse an fantasievollen Dialekt-Schimpfwörtern gerade von dem frühkindlichen Schimpfwörterverbot in Verbindung mit der Freude über den großmütterlichen Sau-Igel her – und von der Bildhaftigkeit der mütterlichen Erfindung.

Im Hochdeutschen sind Schimpfwörter ja meist weniger interessant: »Idiot«, »Blödmann«, in ernsten Fällen auch die einschlägigen Ausdrücke aus dem Anal- und Fäkalbereich – das ist dann schon fast alles. Aber in den Dialekten, wie ich ja aus frühester Kindheit weiß, kann man wunderbar schimpfen! Was gibt es hier für Wortschätze zu heben, mit denen man temperamentvoll, genüsslich, anschaulich und ausdrucksstark seinem Ärger Luft machen kann. Passgenau zugeschnitten auf die jeweilige Situation. Wer einmal im Karneval die Liedzeile *»Ävver Kniiesköpp, ävver Kniiesköpp, ävver Kniiesköpp sin mer nit!«* geschmettert hat, ist ein für alle Mal verloren für den spitzlippig und korrekt ausgesprochenen hochdeutschen »Geizkragen«.

Wie wirkungsvoll ein einziges Dialektschimpfwort sein kann, wird etwa in den *Buddenbrooks* anschaulich beschrieben. Tony Buddenbrook packt ihre Sachen und verlässt ihren Münchner Gatten, weil er ihr im Suff ein »Wort« nachruft, das sie niemals wiederholen würde, das später jedoch »auf irgendeine niemals geklärte Weise« den anderen Familienmitgliedern bekannt wird: »Geh zum Deifi, *Saulud'r dreckats!*«, hat Herr Permaneder gebrüllt. Dem Autor selbst, obwohl seit mehreren Jahren in Bayern beheimatet, war das Wort übrigens nicht bekannt. Er erkundigte sich bei Viktor, seinem fünfzehn Jahre jüngeren Bruder, der zu jener Zeit schon ein echter Münchner Lausbub geworden war, welches Schimpfwort wohl eine feine norddeutsche Dame dazu bringen könnte, ihren Mann zu verlassen. Nach einigem Nachdenken, erzählt Viktor Mann in seiner Familiengeschichte *Wir waren fünf*, sei er mit dem schlimmsten aller schlimmen Wörter herausgerückt. Thomas Mann war hingerissen und ließ es sich buchstabieren – der Rest ist Weltliteratur.

Schimpfwörter – insbesondere überraschende und der Gegenpartei unbekannte Schmähungen – können Herrschaftswissen sein. Und genau dies möchte Ihnen das vorliegende Buch vermitteln: Schimpfwörter, die es im Hochdeutschen nicht gibt. Die es Ihnen ermöglichen, punktgenau, differenziert, plastisch und situationsangepasst vom Leder zu ziehen. Umso wirkungsvoller zu schimpfen, wenn niemand in Ihrer Umgebung die Begriffe kennt. Oder – Hand aufs Herz! – wüssten Sie, als jemand, der nicht aus der entsprechenden Region stammt, was ein *Nöttelefönes*, ein *Ruamzuzler* oder ein *Geherdale* ist? Diese Wörter haben es in die Endauswahl geschafft und werden im Buch erklärt. Zahllose andere, gleichfalls funkelnde Trouvaillen sind auf der Strecke geblieben. Weil aus dem entsprechenden Verbreitungsgebiet schon zu viele Schimpfwörter vorhanden waren. Weil bereits ein anderer Begriff mit demselben Sinngehalt ausgewählt worden war. Oder schlicht, weil ich mich auf fünfzig Wörter festlegen musste. Aber es ist mir nicht leichtgefallen, etwa auf den rheinischen *Schniischörje* (»Schneeschieber, Nichtskönner«), den *Hannewoggel* (»Pantoffelheld«) aus dem Egerland und den Düsseldorfer *Knisterfister* (»Kleinigkeitskrämer«) zu verzichten.

Natürlich habe ich mich bei meiner Auswahl bemüht, ein einigermaßen ausgewogenes Spektrum sowohl der Wortinhalte als auch der Dialektlandschaften abzubilden; ich habe Dialektwörterbücher gewälzt, das Internet und Gewährsleute befragt und schließlich eine streng subjektive Auswahl getroffen, die keinerlei Anspruch auf Wissenschaftlichkeit erhebt. Dies ist – bei aller Sorgfalt, bei aller Bemühung um Korrektheit – kein wissenschaftliches Werk. Ausschlaggebend waren neben den oben erwähnten Kriterien Klang, Witz und eine interessante Etymologie.

Schimpfen Sie also bitte nicht auf die Autorin (obwohl Ihnen dazu ja nun weiß Gott genügend Material zur Verfügung stünde), wenn Sie ein Schimpfwort, dessen Herkunft mit »Rheingau« angegeben ist, auch schon einmal anderswo gehört haben.

Nicht immer lassen sich klare Grenzen zwischen den Verbreitungsgebieten ziehen. Seien Sie nicht irritiert darüber, dass ein Großteil der Schmähungen männlichen Geschlechts ist. Dies liegt nicht an einer Voreingenommenheit meinerseits, sondern daran, dass tatsächlich die meisten Schimpfwörter Maskulina sind – vermutlich, weil sie in Zeiten entstanden, als das Männliche die hauptsächliche Referenzgröße war. Ärgern Sie sich nicht, wenn Sie für einzelne Beschimpfungen vielleicht eine andere Schreibweise kennen – bei überwiegend mündlich tradierten Begriffen gibt es oft kein einheitliches Schriftbild.

Sie hatten mehr Schimpfwörter erwartet, die aus dem Tierreich stammen, wie »Zimtzicke« oder »Lackaffe«? Nun, die meisten sind bekannt, sie existieren sowohl in vielen Dialekten als auch im Hochdeutschen und erfüllen damit nicht die Aufgabe dieses Buches, Sie zu überraschen. Doch dieses Buch will Sie ja gerade überraschen, Ihnen Neues und Geheimnisvolles und im wahrsten Sinn des Wortes Un-erhörtes mitteilen. Übrigens erfüllen Sie, wenn Sie etwa für »Hornochse«, »Gewitterziege«, »Neidhammel« schönere, fantasie- und klangvollere Bezeichnungen verwenden, die Forderung der internationalen Tierschutzorganisation PETA, beim Schimpfen von Tiernamen abzusehen. Mit den Schimpfwörtern in unserem Buch sind Sie also eindeutig auf der politisch korrekten Seite!

Ich freue mich, wenn Sie über meine Schimpfwortfunde staunen und lachen – und das eine oder andere Wort in Ihren Sprachschatz aufnehmen. Allerdings: Per definitionem sind Schimpfwörter ja nicht nett. Und so gibt es in diesem Buch einige wenige Kuriosa, die von eher historischem Interesse sind und Umstände und Denkweisen abbilden, die zum Glück (weitgehend) überwunden sind. Diese dürften mit einer gewissen kopfschüttelnden Empörung registriert werden. Die meisten Schimpfwörter aber können, in der entsprechenden Situation und an den entsprechenden Adressaten gerichtet, Ihr Schimpfen um eine lebendige und bildhafte Note bereichern.

Viel Spaß beim Schimpfen – und der anschließenden Versöhnung! – wünscht
Andrea Schomburg

Allmoi

HESSISCH

Jemand, der alles für sich haben will

»*Allmei*, wie hübsch!« Hat das was mit Mai zu tun? Keineswegs! Der *Allmoi* (oder *Allmei*) ist jemand, der davon ausgeht, dass von Rechts wegen alles ihm gehört – »alles mein« sozusagen. In Scharen kann man *Allmois* an sommerlichen All-inclusive-Buffets studieren, wo sie sich die Teller so vollhäufen, als müssten sie für den Winter gleich mit vorsorgen. Zu bewährten *Allmoi*-Gepflogenheiten gehört es auch, den SUV genau auf die Grenze zwischen zwei Parkplätzen zu stellen, den Scooter mitten auf den Bürgersteig zu schmeißen und die Lieblingsjacke der Schwester nie zurückzugeben. Die Habgier ist eine der sieben Todsünden, und im deutschen Strafrecht zählt sie zu den niedrigen Beweggründen, die aus einem Tötungsdelikt einen Mord machen. Da ist das mit den Scootern und der Jacke ja noch harmlos – ebenso wie Dagobert Duck, der berühmteste *Allmoi* der Popkultur, der sich in seinen prall gefüllten Geldspeicher stürzt, um dort im wahrsten Sinn des Wortes im Geld zu schwimmen. Und da, über seinem Kopf, ist das nicht eine Denkblase? »Alles mein! Alles mein!«

Bagalut

HAMBURGISCH

*Rüpelhafter Geselle eher jugendlichen Alters,
der meist im Rudel auftritt und dann zu Unfug neigt*

»Na, du *Bagalut*?« Das kann eine durchaus rau-liebevolle Begrüßung für einen frechen kleinen Jungen sein. Die meisten *Bagaluten* sind aber älter, und das Wort wird abwertend und tadelnd benutzt, etwa wenn die säuberlich aufgestellten Mülltonnen umgeschmissen wurden, die zum »Bücherhäuschen« umfunktionierte Telefonzelle mit Farbe beschmiert ist und auf dem Dach der Bushaltestelle ein Einkaufswagen prangt. Besonders zu Halloween hinterlassen die *Bagaluten* eine Spur der Verwüstung – in Form von Rasierschaum und kaputten rohen Eiern. Doch auch selbstbewusst und stolz kann das Wort verwendet werden: Die Mitglieder der Hamburger Band Torfrock laden alljährlich zur »Beinharten Bagaluten-Wiehnacht«. Als Herkunft des Begriffes vermutet das *Hamburger Abendblatt* in der Rubrik »Sprechen Sie Hamburgisch?« die Seemannssprache: Er habe sich wohl aus der englischen Wendung *bag o'loot* (»Beutel voller Diebesgut«) entwickelt. In einer Stadt, die so von der Seefahrt geprägt ist wie Hamburg, erscheint das durchaus nicht unwahrscheinlich.

Ballertralle

MAGDEBURGERISCH

Grobe, ungehobelte, niveaulose weibliche Person

Den Typus der *Ballertralle* kennen wir alle. Sie wird mit latschendem Gang und schlechtem Benehmen verbunden und so richtig gute Eigenschaften scheint sie nicht zu haben – offenbar fehlt ihr als Ausgleich für ihre Ruppigkeit das goldene Herz. Auf der Facebook-Seite »So sprechen die Machteburjer« allerdings wird sie jubelnd begrüßt: »Hatte ich total vergessen!« – »Und ich dachte, das wär 'ne Erfindung meiner Mutter!« – »… das Beste. Da wusste niiie ein Nicht-Machteburjer, was gemeint war!« Das *Mittelelbische Wörterbuch* führt ihr männliches Gegenstück auf, den *Ballerjochen*, einen »polterigen, plumpen, ungeschickten« Mann, sowie das entsprechende Adjektiv *ballerig*. Als Herkunft der *Ballertralle* können wir uns das Knattergebirge vorstellen, einen lärmigen, dicht besiedelten Magdeburger Stadtteil, der 1945 bei einem Bombenangriff zerstört wurde. Die *Ballertralle* jedoch latscht noch heute durch die Magdeburger Sprachwelt und lässt sich nicht die Butter vom Brot nehmen. Vielleicht können wir, in manchen Situationen, sogar etwas von ihrem unbekümmerten Selbstbewusstsein lernen.

Bibbelnecksern

RHEINFRÄNKISCH

*Verführerische Frau, die einen Mann zurückweist,
nachdem sie sein erotisches Interesse geweckt hat*

Bibbelnecksern ist in Machokreisen ein derbes Schimpfwort, das sich aus dem Verb *neckse* (»necken, reizen, verspotten«, eine Intensivbildung zu »necken«) und dem Dialektwort *Bibbel,* einem derb-vertraulichen Ausdruck für das männliche Geschlechtsteil, zusammensetzt. Der Begriff bezeichnet eine kokette Frau, die in vollem Bewusstsein ihrer Attraktivität erotisches Interesse weckt. Hernach aber erfüllt sie die Hoffnung und Erwartung, die sie in dem jeweiligen Mann ausgelöst hat, unbegreiflicherweise nicht. *»She doesn't go all the way«,* heißt es enttäuscht im Englischen, wo eine solche Frau in genau derselben Wort- und Gedankenverbindung als *prick-teaser* bezeichnet wird. Es bleibt allerdings die Frage, wie in den einschlägigen Männerkreisen eine Frau bezeichnet wird, die ihr angebliches Versprechen auch einlöst. Ein *Rüffje* (Kölsch)? Ein *Flitscherl* (Österreichisch)? Ein *Hôdadiil* (Tirol)? Die beste Entscheidung lautet letztlich wohl, einfach den Kontakt mit Männern zu meiden, die auf diese Weise über Frauen reden.

Bissgurrn

BAYERISCH, SCHWÄBISCH

Streitsüchtige, zänkische, tyrannische Frau

In zahlreichen Schimpfwörtern bildet sich die traditionelle Furcht des männlichen Establishments vor Frauen ab. So auch in dem Wort *Bissgurrn*. Diese treibt ihr Unwesen im Schwabenland, ebenso wie in Bayern und Österreich. Der Ausdruck wird gern umgedeutet zu *Bissgurk'n*. Eine bissige Gurke? Hm. Es gibt ja auch das milde Schimpfwort »Du dumme Gurke«, also warum sollte eine Gurke nicht auch bissig sein können? Allerdings irrt das Volk: *Bissgurrn* leitet sich von dem Wort *Gurre* für ein altes, unbrauchbares Pferd beziehungsweise eine bissige Stute ab. »Böse« Pferde sind im ländlichen Raum offenbar ein echtes Problem, wie auch das hessische/pfälzische Wort *Kribbelbisser* zeigt, das für einen verdrießlichen, zornigen und streitsüchtigen Menschen steht und eigentlich wohl ein bösartiges, beißendes Pferd bezeichnet. Aber: Wie Beifall von der falschen Seite gibt es ja auch Kritik von der richtigen Seite. Und so könnte dieses Schimpfwort, ausgesprochen von einer bestimmten Sorte Mann, von der jeweiligen *Bissgurrn* durchaus als Ehrentitel aufgefasst werden.

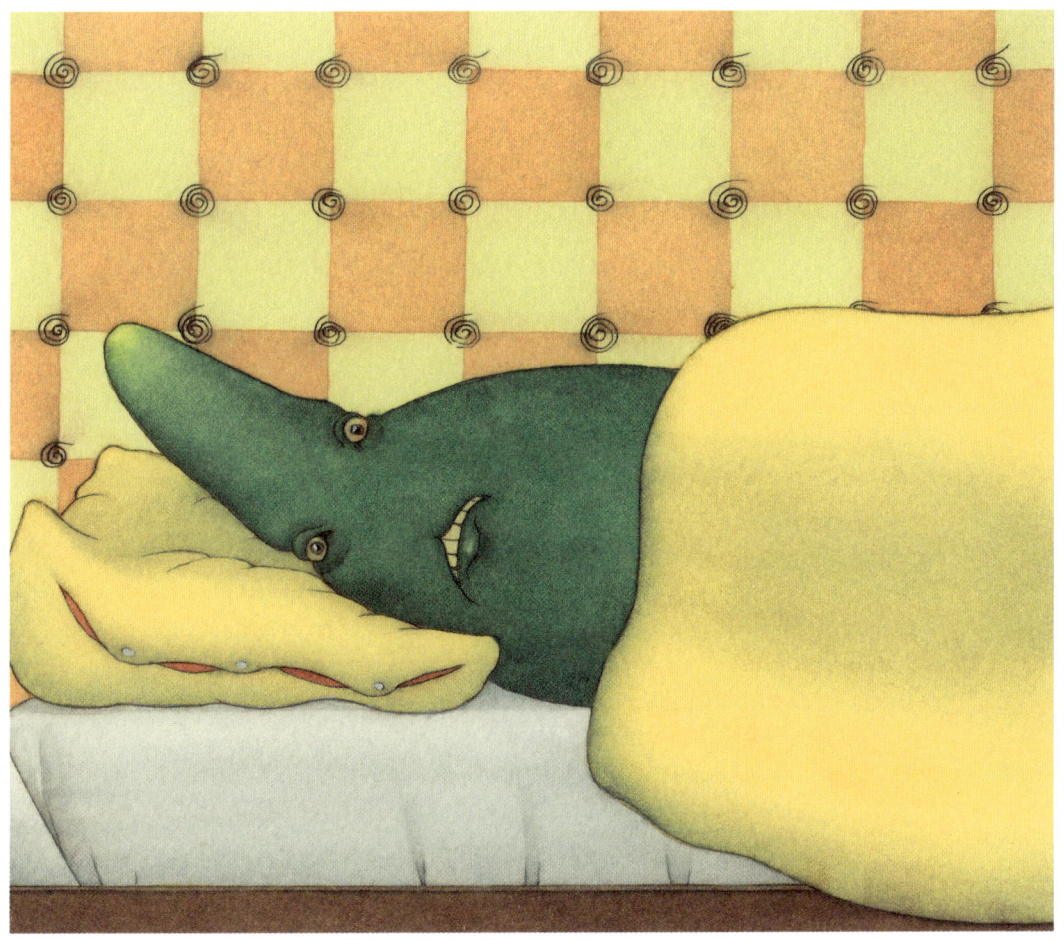

Bixnmacher

BAYERISCH, ÖSTERREICHISCH

Mann, der nur Töchter zeugt

Wer sich als Kind voller Enthusiasmus durch Karl Mays *Winnetou* gelesen hat, ist ihm begegnet: dem alten Büchsenmacher Mr. Henry, der exklusiv für Old Shatterhand den legendären Henrystutzen verfertigte. »Büchse« meint allerdings nicht nur ein »Gewehr«, sondern kann auch, in symbolischer Anspielung auf die Vagina, eine wenig schmeichelhafte Dialektbezeichnung für weibliche Wesen sein. Und ein *Bixnmacher* ist dann, in unterschiedlichen dialektalen Ausprägungen, ein abwertender Ausdruck für einen Vater, der »nur« Töchter zeugt. In zum Glück längst vergangenen Tagen waren Töchter sowieso und überhaupt weniger wert als Söhne und Stammhalter. Noch heutzutage werden in dörflichen Gebieten Oberbayerns nach der Geburt eines Mädchens von den Freunden des Vaters leere Konservendosen um das Haus verteilt und Schilder mit der Aufschrift »Büchsenmacherei« aufgestellt. Sogar T-Shirts mit der Aufschrift »Büchsenmacher« gibt es zu kaufen – allerdings darf man annehmen, dass die frischgebackenen Töchterväter von heute sie mit Freude, Rührung und Stolz tragen.

Breznsoiza

BAYERISCH

Tölpelhaft, nichtsnutzig und unfähig zu jeglicher Arbeit

Salz auf dem Tisch bedeutet Streit. Salz um den Lieblingssessel hingegen weist auf einen angenehmen Fernsehabend hin, bei dem Brezeln geknuspert, die Salzkörner jedoch abgestreift wurden. So wird am Morgen danach die Arbeit des Brezelsalzers buchstäblich mit Füßen getreten. Zum Glück wird er das nie erfahren, denn ihn gibt es halt nur metaphorisch. Der *Breznsoiza*, das ist jemand, der rein gar nichts auf die Reihe bekommt. Nur Salz auf die Brezeln streuen, das kriegt er gerade noch hin. Aber in eine bayerische Redensart hat er es geschafft: »*Bin i denn am Gandi sei Breznsoiza?!*«, ruft man aus, wenn man meint, dass man etwas ganz bestimmt nicht mitmachen will. Hans Kratzer bezweifelt in seiner Kolumne in der *Süddeutschen Zeitung,* dass der Ausdruck etwas mit Mahatma Gandhi zu tun hat – das Dialektwort *Gandi* bedeute so etwas wie *Bazi*. Ein *Bazi,* das ist ein Schlitzohr, ein Gauner, ein Lump. Und den will man eben nicht bei seinen zweifelhaften Geschäften unterstützen.

Bünzli

SCHWEIZERDEUTSCH

Kleinkariert und engstirnig klebt er an der althergebrachten Ordnung und verteidigt sie intolerant

Bünzli ist eigentlich ein durchaus ehrenwerter Zürcher Familienname. Die Bedeutung »pingelig, übertrieben ordnungsliebend, spießbürgerlich« hat das Wort erst angenommen, nachdem Gottfried Keller mit der Figur der sparsamen und ordentlichen Züs Bünzlin sozusagen den (weiblichen) *Urbünzli* geschaffen hatte. Den *Bünzli* erkennt man nicht nur daran, dass er seine Unterwäsche bügelt, den Rasen mit der Nagelschere schneidet und seine Mahlzeiten zu penibel festgesetzten Zeiten einnimmt. Was ihn wirklich kennzeichnet und tendenziell zu einem unangenehmen Zeitgenossen macht, ist seine Engstirnigkeit und Intoleranz – unnachahmlich verewigt in der Figur des Einbürgerungspolizeibeamten Max Bodmer in dem Film *Die Schweizermacher* von 1978, dem erfolgreichsten Schweizer Film überhaupt. Denn andere, gar alternative Lebensformen bedrohen des *Bünzlis* mühsam konstruiertes Lebensgerüst aus Regeln, Kontrolle und Perfektion und aktivieren seine panische Angst vor Veränderungen.

Bullerballer

PLATTDEUTSCH

Jemand, der beim geringsten Anlass grob und cholerisch losschimpft

Das Feuer bullert im Ofen, die Buchenscheite knacken – das klassische Bild der kuscheligsten Gemütlichkeit. Weniger gemütlich ist es, wenn jemand einem anderen eine ballert. In Norddeutschland sind diese beiden lautmalerischen Bestandteile zu der Bezeichnung *Bullerballer* zusammengefügt worden. Und da ist dann gar nichts mehr gemütlich. Ein *Bullerballer* ist ein Choleriker, ein Grobian, ein jähzorniges Raubein, das beim nichtigsten Anlass in die Luft geht. Im ostfriesischen Platt gibt es dafür sogar ein eigenes Verb: *bullerballern*. Einen so aufbrausenden Menschen beschreiben die Franzosen mit der Wendung: »*Il est soupe au lait*« – eine winzige Sekunde lang nicht hingeschaut, und schon kocht der *Bullerballer* über wie Milchsuppe. Die klinische Psychologie spricht von einer »Störung der Impulskontrolle«. Im Niederländischen gibt es dafür den Begriff *Wildeman*. »Jetzt markier hier mal nicht den wilden Mann«, sollte man allerdings zum *Bullerballer* vielleicht besser nicht sagen. Gar nicht ignorieren, wie Karl Valentin gesagt hätte, und ausbullern lassen.

Dipfalesscheisser

SCHWÄBISCH

Übertrieben gewissenhafter, zwanghaft penibler Mensch

Der *Dipfalesscheisser* ist in so hohem Maße pingelig und genau, dass er sich immer wieder in Kleinigkeiten verliert und auch für seine Umwelt eine echte Prüfung darstellt. Er räumt die volle Spülmaschine wieder aus, um unter Ausnutzung aller Zwischenräume einen einzigen Eierbecher mehr hineinzubekommen. Er weiß, wie man am effizientesten den Teppich saugt, und stellt mithilfe eines Handspiegels fest, ob auch *unter* dem Klorand alles sauber ist. Es gibt viele Bezeichnungen für ihn, und fast immer haben sie mit den menschlichen Ausscheidungen zu tun, die sich, wie beim *Dipfalesscheisser,* entweder klitzeklein gestalten, oder eine perfekte Kranzform aufweisen, wie in dem drastischen *Kränzkesdrisser* aus Düsseldorf. Interessanterweise bestätigt die Psychologie einen solchen Zusammenhang: Ein »analer Charakter« mit zwanghaftem Verhalten und übermäßiger Ordnungsliebe bilde sich häufig aufgrund einer zu früh und zu streng praktizierten »Reinlichkeitserziehung« heraus. Es bleibt die Hoffnung, dass er sich im Pampers-Zeitalter allmählich verliert und der Welt so der eine oder andere Korinthenkacker erspart wird.

Drahdiwaberl

BAYERISCH, ÖSTERREICHISCH

Jemand, der sein Mäntelchen nach dem Wind hängt

»Grade, klare Menschen wär'n ein schönes Ziel. / Leute ohne Rückgrat hab'n wir schon zuviel«, sang die Liedermacherin Bettina Wegner 1976 in ihrem wohl bekanntesten Lied »Sind so kleine Hände«. So recht erreicht ist das schöne Ziel immer noch nicht: Der Typus des opportunistischen Wendehalses, den sein dummes Geschwätz von gestern schon heute keinen Deut mehr interessiert und der seine Überzeugungen wechselt wie sein Hemd, ist nach wie vor weitverbreitet. In Bayern wird ein solcher Charakter als *Drahdiwaberl* bezeichnet. Im wörtlichen Sinn ist ein *Drahdiwaberl* ein Kreisel, eines der ältesten Spielzeuge überhaupt. Man erinnert sich an Zeichnungen von braven Knaben in Matrosenanzügen, die mit einem Peitschchen ihren Kreisel antreiben. Das bayerische Wort selbst kommt von *»Drah di, Waberl«* (»Dreh dich, Barbara«), weil es ursprünglich ein hölzernes Püppchen war, das rotierte. Den schnellen Bewegungen des Kreisels kann man mit bloßem Auge kaum folgen – ebenso wie den Richtungswechseln des menschlichen *Drahdiwaberls*.

Dunsel

RHEINFRÄNKISCH, HESSISCH

Aufgetakelte, eingebildete Frau

»Mehr scheinen als sein«, das ist der Wahlspruch der *Dunsel*. Im Rheingau ist sie weiblich und nicht, wie im Duden angegeben, als *der* Dunsel eine Dialektbezeichnung für Dummkopf. Sie ist hier vielmehr ein hochnäsiges, sehr von sich selbst überzeugtes, leicht verschrobenes Frauenzimmer, das sich eigenwillig, aber nicht eben stilvoll kleidet. Ihre Umwelt täuscht sie jedoch keinen Augenblick lang über ihre Unzulänglichkeiten, besonders über ihren Mangel an Bildung und Intelligenz hinweg, weshalb sie auch gern einmal als »*e dumm Dunsel*« bezeichnet wird. Wirklich elegant ist eigentlich nur ihre etymologische Herkunft, die sich über *demoiselle* auf das mittellateinische Wort *dominicella* (»Mädchen, Ritterfräulein«) zurückführen lässt. Bodenständiger klingt ihre bayerische Schwester, die *Bixlmadam,* die ihr aber ansonsten sehr ähnlich ist: Der Ausdruck hat seinen Ursprung in der napoleonischen Zeit, als es Frauen streng verboten war, auf die Jagd zu gehen. Eine Frau, die mit »Büchse«, also einem Gewehr unterwegs war, maßte sich etwas an, was ihr von Rechts wegen nicht zukam.

Föhlvornmors

NIEDERSÄCHSISCH

Sexuell übergriffige männliche Person

Leider ist er nicht nur in deutschen Landen weitverbreitet. Der norddeutsche *Föhlvornmors* (»Fühlt-an-den-Hintern«), der sprachlich ähnlich konstruierte rheinische *Föttchesföhler,* der pfälzische *Dätschler* und der vorarlbergische *Füdlatätschar* – sie alle haben ihre ekligen Finger da, wo diese nicht hingehören, nämlich am weiblichen Po und benachbarten Regionen. Der berüchtigtste *pussygrabber* der Welt hat es bekanntlich sogar auf den US-amerikanischen Präsidentensessel geschafft. Früher gab es für eine Dame auf eine derartige Zudringlichkeit nur eine Reaktion: eine empörte Ohrfeige für den Grapschenden, die diesen allerdings meist nicht davon abhielt, es bei der nächsten Frau erneut zu versuchen. Heutzutage muss der *Föhlvornmors* mit einer Anzeige rechnen – sexuelle Belästigung ist zum Glück kein Kavaliersdelikt mehr.

Fuschti

BERNDEUTSCH

Eigensinniger Tüftler, der aufgrund seiner unpraktischen Vorgehensweise nicht das gewünschte Arbeitsergebnis erzielt

Im Berner Oberland gedeihen, wie in vielen ländlichen Gegenden, knorrig- merkwürdige Männergestalten. Eine solche ist der *Fuschti*, der fast gar nichts gebacken kriegt. Das Schimpfwort leitet sich vom Verb *fuschte* ab, was »schludrig und undurchdacht arbeiten« bedeutet. Beim *Fuschti* kommt noch erschwerend hinzu, dass er jede Hilfe, ganz besonders fachliche Unterstützung, ablehnt und darauf besteht, die Arbeit allein und ganz nach seiner eigenen Methode durchzuführen. Für den Transport eines Schrankes aus dem dritten Stock würde er nie ein Umzugsunternehmen beauftragen; stattdessen baut er in tagelanger mühsamer Kleinarbeit einen Flaschenzug. Faul ist er also nicht, der *Fuschti,* nur furchtbar umständlich und unpraktisch; darin dem Allgäuer *Pripfler* wesensverwandt, der gleichfalls erfolglos und kleinkrämerisch *umeinanderpripfelt*. Oft ist der *Fuschti* schweigsam, griesgrämig und eigenbrötlerisch und zieht sich in die Einsamkeit zurück, sodass ihm das soziale Korrektiv fehlt.

Gassalächler

VORARLBERGERISCH

*In der Öffentlichkeit freundlich,
zu Hause aber widerlich*

Der *Gassalächler* lächelt in der Gasse, so viel ist klar. Wobei die »Gasse« für die Öffentlichkeit steht. Er (oder sie) lächelt, plaudert, ist reizend, hilfsbereit und gefällig. Doch zu Hause ist Schluss mit der Verstellung, und er mutiert zum *Hushechler* oder zum *Huskrächler* – also zum streitsüchtigen Hausdrachen. »*Gassaengl – Huusbengl*«. Die Idee des *Gassalächlers* ist weitverbreitet – auch im pfälzischen, schwäbischen und saarländischen Sprachraum charmiert sich der »Gassenengel« mit falscher Freundlichkeit durch die Gesellschaft. Ein Dr. Jekyll und Mr. Hyde der Kleinstadt, der bereits im *Deutschen Wörterbuch* von Jacob und Wilhelm Grimm Erwähnung findet. Selbst in Elternforen hat es der »Gassenengel« geschafft – mit der Klage von Müttern und Vätern, dass die lieben Kleinen anderswo die reinsten Engel seien, zu Hause aber die Sau rausließen. Dabei ist dies laut der Entwicklungspsychologie das normale Verhalten von Kindern, die wissen, dass sie daheim bedingungslos geliebt werden – auch und gerade dann, wenn sie keine Engel sind.

Geherdale

SCHWÄBISCH

Abwertende Bezeichnung für einen stets verfügbaren, dienstbereiten Menschen

In manchen, tendenziell eher dysfunktionalen, Familien gibt es diese Rollenverteilung: Eine autoritäre Person sitzt im Sessel und kommandiert, und ein verhuschtes, gleichsam versklavtes Familienmitglied wartet nur darauf, barsche Anordnungen entgegenzunehmen. Für Widerspruch sind die Strukturen meist leider viel zu verkrustet. Dabei würde man sich so sehr wünschen, dass die dienende Person mit dem frechen Ausruf »Ich bin doch nicht dein *Geherdale!*« den Aufstand proben würde. Das schwäbische *Geherdale* hat man sich als beflissene, stets verfügbare und dienstbereite Person vorzustellen, die auf den Befehl »Geh her da!« unverzüglich herbeieilt. Freundlichkeit, Fürsorglichkeit, Hilfsbereitschaft sind wunderbare Eigenschaften, aber alles hat Grenzen. Wie schön wäre es, wenn die *Geherdales* der Welt sich überwinden könnten und denjenigen, die gewohnheitsmäßig ihre Dienste einfordern, mit einem schwierigen, aber effizienten Wort antworten würden: »Nein.«

Gwandlaus

BAYERISCH

Unliebsamer Mensch, den man nicht wieder loswird

Die *Gwandlaus* nistet sich in Kleidern und Bettwäsche ein, befällt von da aus behaarte Körperpartien und spaziert auf Arme und Beine, wo sie zusticht und damit im schlimmsten Fall Fleckfieberepidemien auslöst. Zum Glück kommt sie in Gegenden mit normalem Hygienestandard eher selten vor. Sehr verbreitet hingegen ist ihr metaphorisches Pendant. Ständig ruft sie an, will sich mit uns treffen, schreibt Mails und will einfach nicht begreifen, dass wir sie als lästig, unliebsam und überflüssig betrachten. So überflüssig wie – etwa eine Warze am Allerwertesten, die auf Wienerisch *Oaschwoazn* heißt und denselben Typus wie die *Gwandlaus* beschreibt. So lästig wie eine Mücke, die uns auf einem fremden Klo umschwirrt und von der wir uns gar nicht vorstellen möchten, wen sie schon alles, und wohin, gestochen hat, also eine *Abeemick,* wie die *Gwandlaus* im Hessischen heißt. Die meisten unserer Kontakte beruhen ja auf Gegenseitigkeit. Dennoch: Vorsicht! Nie, niemals selber zur *Gwandlaus* werden!

Halbdackel

SCHWÄBISCH

*Blöder als blöd – nicht nur ein Idiot,
sondern ein Vollidiot*

Der an sich ja pfiffige Dackel dient als eines der beliebtesten schwäbischen Schimpfwörter, wenn man seinem Gegenüber signalisieren möchte, dass dessen Geisteskräfte doch deutlich unter dem Durchschnitt liegen. Es wird in der Regel für Männer gebraucht und ist seit dem 18. Jahrhundert dokumentiert. Weitaus schlimmer und beleidigender ist der *Halbdackel*, was für Nichtschwaben schwer verständlich ist, denn eigentlich müsste der halbe Dackel als Schimpfwort ja auch nur halb so schlimm sein. Weit gefehlt! Mit *Halbdackel* wird ausgedrückt, dass jemand so dämlich ist, dass es noch nicht einmal zu einem ganzen Dackel gereicht hat. Gleichsam geadelt wurde das Wort durch den Politiker Cem Özdemir, der es anlässlich des »Tags der Muttersprache« als sein Lieblingswort angab – »weil ich in der Politik gelegentlich mit ihnen zu tun habe«. *Halbdackel* markieren ihr Revier jedoch nicht nur auf dem politischen Parkett, sondern in allen Bereichen des gesellschaftlichen Lebens, und in sämtlichen Regionen – in Bayern etwa als *Obervolldeppen*.

Hasäfüdlä

SCHWEIZERDEUTSCH

Ängstlicher Mensch, Feigling

Immer muss der Hase herhalten! Als »Angsthase« oder »Hasenfuß« im Hochdeutschen, *Haselatsche* im Pfälzischen und als *Hasäfüdlä* (»Hasenhintern«) im schweizerischen Muotathaler Dialekt – wahrscheinlich, weil man vom Hasen meistens nur das Hinterteil sieht, so schnell macht er sich aus dem Staub. Im Laufe der Evolution hat der Hase die wunderbarsten und geschicktesten Methoden entwickelt, um seinen Feinden zu entkommen. Mit bis zu siebzig Stundenkilometern rast er davon, kann meterweit springen, mitten in seiner Flucht einen Haken schlagen – und plötzlich ist er weg, ebenso wie seine Fährte, die der Verfolger nicht mehr wittern kann. So hat der Hase seit Millionen von Jahren überlebt. Und nicht überall steht er für Furchtsamkeit: In der chinesischen Astrologie gelten im Jahr des Hasen Geborene als Glückskinder, die mit Heiterkeit und Gefühlskraft gesegnet sind. In der Kulturgeschichte ist der Hase ein Symbol für Lebenskraft, Erneuerung und Fruchtbarkeit. Meist wird die Lebendigkeit des Hasen betont. Und die hat er eben nur deshalb, weil er so schnell wegrennen kann.

Heiopei

OSTFRIESISCH

Trottelige, verrückte, etwas verpeilte, unzuverlässige Person

Der *Heiopei* – wie ist er denn nun? Eins ist klar: Ganz fassbar ist er in seinen Eigenschaften nicht – eine gleichsam schillernde Persönlichkeit, ein Wesen, recht eigentlich am besten *ex negativo* zu definieren. Zielstrebig ist er schon mal nicht, klar denkend auch nicht. Und mit überdurchschnittlichen Geistesgaben gesegnet – nein, auch das kann man nicht behaupten. Gut organisiert, lebenspraktisch, zuverlässig – gleichfalls Fehlanzeige. Eins allerdings scheint er zu sein: reiselustig, und zwar in extremem Maß. Wie sonst ließe sich erklären, dass er von Norddeutschland, von der friesischen Küste, durchs Ruhrgebiet und das gesamte Rheinland, durch Wuppertal bis ins Saarland gewandert ist – und überall leicht unterschiedliche Unzulänglichkeiten zugeschrieben bekam? Ein Mosaik von diffusen, nicht gerade vorteilhaften Dispositionen, die sich zum *Heiopei* zusammensetzen. Und auch wenn seine Wesensmerkmale nicht ganz eindeutig sind: Wir alle erkennen ihn, wenn wir ihn treffen. Und wir alle kennen einen *Heiopei*. Schließlich ist der *Heiopei* einfach überall.

Hemmelecker

THÜRINGISCH

Nachlässig gekleideter Mensch

Ein *Hemmelecker* ist ursprünglich das, was in dem Märchen »Goldtöchterchen« von Richard von Volkmann-Leander von den Haselbüschen angesprochen wird: ein »Nacktfrosch im Hemde«, ein kleines Kind, das nur ein Hemdchen anhat, also noch nicht fertig angezogen ist. Erwachsene *Hemmelecker* sind weniger niedlich, eigentlich überhaupt nicht: Das Unter- oder Oberhemd hängt ihnen aus der Hose – generell ist ihre Aufmachung überaus unordentlich. Es ist also eindeutig ein Schimpfwort aus Zeiten, als die Kleiderordnungen noch strenger und weniger flexibel waren als heute. Abwertende Ausdrücke für schlampig gekleidete Personen gibt es in vielen Dialekten; in der Schweiz etwa werden sie *Hoseglunggi* genannt. Am weitesten geht vermutlich das Rheinische, das nicht nur eine extrem schmächtige Person, sondern auch ein nachlässig angezogenes Individuum als *Halfjehang* bezeichnet. Wie schön, dass wir in Zeiten des *anything goes* leben – oder?

Hiennaommiseckl

VORARLBERGERISCH

Intriganter Mensch, der nicht offen, sondern hintenrum agiert

Angesichts der zahlreichen Mundart-Adaptionen von Bühnenklassikern könnte man auf die Idee kommen, Shakespeares *Othello* in den vorarlbergerischen Dialekt zu übertragen. Denn in der österreichischen Gemeinde Lustenau gibt es ein spezielles Schimpfwort für jene, die hinterhältig mit Unterstellungen, Täuschungen und der Verbreitung von Gerüchten vorgehen: der *Hiennaommiseckl*. Und ein typischer Vertreter dieser Spezies ist Jago, der bekanntlich durch sein perfide ausgeklügeltes Ränkespiel nicht nur die unschuldige Desdemona, sondern auch Othello ins Unglück stürzt, wofür er immerhin am Ende bestraft wird. Hüten muss man sich vor dem *Hiennaommiseckl* gleichwohl, denn er verfolgt gewissenlos seine Ziele, in der Lokal- und Weltpolitik und sogar in der Familie, wo er geschickt den einen gegen den anderen ausspielt. Man ist versucht, ihm eine Fortbildung zum Thema »Gewaltfreie Kommunikation« zu spendieren. Doch für eine Läuterung wäre es nötig, dass er Einsicht und Selbstkritik zeigt – und das ist leider extrem unwahrscheinlich.

Hinnedruffsteller

PFÄLZISCH

Jemand, der sich gewohnheitsmäßig durchschnorrt

Die Möglichkeiten, sich von Verkehrsmitteln transportieren zu lassen, ohne sie zu bezahlen, sind stets gern genutzt worden, zum Beispiel von Menschen, die sich unbemerkt hinten auf das Trittbrett der Kutsche oder der Straßenbahn stellten. Der pfälzische *Hinnedruffsteller* ist allerdings weniger durchs Schwarzfahren (Amtsdeutsch: »Beförderungserschleichung«) gekennzeichnet als durch notorische Schnorrerei. Umlage für ein Geburtstagsgeschenk? Geld vergessen. Teilen der Rechnung im Restaurant? Dito. Zigaretten? Kann man sich leihen. Rückgabe? Nie. *Hinnedruffsteller* im wörtlichen Sinne sind selten geworden, eins der letzten Exemplare dieser Gattung wurde 2019 in Köln gesichtet: Der Mann sprang auf die Anhängerkuppel der Straßenbahn Linie 7 und hielt sich dort an den Scheibenwischern fest, bis ihn die Polizei nach zwei Stationen herunterpflückte. Er gab an, er habe nicht zu spät zum Sport kommen wollen. Nun droht ihm ein Strafverfahren wegen eines gefährlichen Eingriffs in den Straßenverkehr. Ein waschechter *Hinnedruffsteller* war er allerdings nicht: Er hatte ein gültiges Ticket.

Hudriwudri

ÖSTERREICHISCH

Unkonzentrierter, unruhiger, schusseliger Mensch

Im Lustspiel *Der Unbestechliche* (1923) von Hugo von Hofmannsthal beteuert der Diener Theodor seine Zuverlässigkeit und sein unfehlbares Gedächtnis mit der rhetorischen Frage: »Vergesse ich denn so etwas – bin ich denn ein solcher Hudriwudri, ein oberflächlicher, daß ich solche Schreckenstage von meiner Seele abbeuteln könnte wie ein Hund die Flöhe?« Theodor ist also kein *Hudriwudri*, manch anderer jedoch schon. Gemeint ist ein unruhiger, nervöser Charakter, der alles eher fahrig und kopflos in Angriff nimmt. Dementsprechend schludrig, larifari – auf Schwäbisch *hurri-burri* – wird auch gearbeitet. Zurückgeführt wird der Ausdruck auf das serbokroatische »*Udri! Udri!*« (»Schlag zu! Los!«). Dies war im Österreichischen Erbfolgekrieg der Alarmruf der Panduren, einer vom Balkan stammenden privaten Söldnertruppe des Freiherrn von der Trenck, die für ihre Grausamkeiten berüchtigt war. Da ist uns etwas Schusseligkeit doch wesenlich lieber!

Jückradiesje

RHEINISCH

Agile, lebens-und liebeslustige Frau
von nicht immer ganz gefestigter Moral

Das Radieschen an sich kann durchaus als sesshaft gelten. »Außen rot und innen weiß«, wie Kurt Tucholsky am 21.9.1926 in der Weltbühne schrieb, wächst »das bescheidene Radieschen« »in der Erde leis«, und wenn man es nicht herauszieht, dann bleibt es festgewurzelt, wie bereits seine Etymologie (lat. *radix,* »Wurzel«) andeutet. Nicht so das *Jückradiesje*. Im Rheinland ist es ständig *op jück,* was ganz harmlos »unterwegs sein« bedeuten kann, so etwa wenn der Rentnerverein zum Drachenfels *op jück* geht. Häufig aber überwiegt der Sinngehalt »sich amüsieren gehen«, oder, eindeutiger, »auf der Suche nach Kontakten von Kneipe zu Kneipe ziehen«. So reicht auch das Bedeutungsspektrum von *Jückradiesje* von »lebenslustige, agile weibliche Person« zur Frau, die Hummeln im Hintern hat und es gern mal krachen lässt – gegebenenfalls mit wechselnden Partnern. Aber in Zeiten der Emanzipation, der Pansexualität, der polyamourösen Beziehungen – warum eigentlich nicht? Kurt Tucholsky, ein männliches *Jückradiesje,* hat es uns ja schließlich vorgemacht.

Kommodehellije

RHEINISCH

Jemand, der nur fromm und heiligmäßig tut

In katholisch-frommen Gebieten war es früher üblich, sich das himmlische Wohlwollen zu sichern, indem man etwa einen kleinen Hausaltar einrichtete, Gemälde von Heiligen an die Wände hängte, ein Buch mit Heiligenlegenden auf den Nachttisch legte oder Heilige in Form von bemalten Gipsfiguren auf die Kommode stellte – gern umgeben mit Palm- oder Buchsbaumzweigen. Der rheinische *Kommodehellije* ist allerdings keine dekorative Skulptur, sondern ein heuchlerisches, Aufrichtigkeit und Gottesfürchtigkeit nur vortäuschendes Wesen, das sich in der Regel herzlich wenig um den Segen des Himmels schert. So wurde etwa 2022 im Stadtmagazin *Hieronymus* aus Stolberg in einer Kolumne mit dem Titel: »Finni un Knotterbüll klaafe övver ne Saulapp« ein gewisser Politiker, der das Nachbarland mit Krieg überzieht, als »Scheinheiliger« bezeichnet, der »haufenweise Lügen« erzähle: »*Hä vertunt hofewies Löje un hä es doch nüs angesch als ne Kommodehellije.*«

Lällebäbbel & Hollebobbel

SCHWÄBISCH, PFÄLZISCH, HESSISCH

Törichte, naive, einfältige und unbedarfte Zeitgenossen

Sie müssen einfach einen gemeinsamen Eintrag bekommen, allein aufgrund der ähnlichen Lautung – sagen Sie doch mal ganz schnell: *Lällebäbbel, Labbeduddel, Hollebobbel*! Und jetzt rückwärts: *Hollebobbel, Labbeduddel, Lällebäbbel* – so lange, bis Sie einen Knoten in der Zunge haben und neue Schimpfwörter schaffen, wie »Bobbelbäbbel«, »Bäbbelabbe« oder »Holleduddel«. Es macht nichts sie durcheinanderzubringen. Der schwäbische *Lällebäbbel,* nicht eben mit geistigen Kräften gesegnet, redet auch noch dumm daher. Zudem gilt er als leichtgläubig und verträumt, als entscheidungsschwach und überhaupt als Weichei. Der *Labbeduddel* ist die hessische und nordbadische Erscheinungsform des *Lällebäbbels,* und der pfälzische *Hollebobbel* steht den beiden an geistiger Beschränktheit in nichts nach. Wenn sich also ein *Lällebäbbel,* ein *Labbeduddel* und ein *Hollebobbel* zusammentäten, um beispielsweise die finanziellen Geschicke von Hambach an der Weinstraße zu leiten, so wäre Hambach bald pleite. Aber zum Glück würden sie ja zu einer so folgenschweren Entscheidung gar nicht die Entschlusskraft aufbringen.

Luhmich

SÄCHSISCH

Unehrlicher, betrügerischer, schlechter Mensch

In Romanen, besonders Krimis, die in Sachsen spielen, kommt man um die Bezeichnung *Luhmich* auf *keinen* Fall herum. Der *Luhmich* ist der klassische Bösewicht. Er hat sich ins Museum einschließen lassen, wertvolle Exponate entwendet und sie gewinnbringend weiterverkauft. Doch er würde ebenfalls nicht davor zurückschrecken, alten Omas unversehens ihre Handtaschen zu entreißen oder sich anderweitig kriminell zu betätigen. Aber auch, wenn er nicht im Sinne des Gesetzes straffällig geworden ist, muss man sich vor dem *Luhmich* hüten, denn er ist einfach eine düstere Existenz und ein mieser Charakter. Als Mutter warnt man die Tochter vor einem verdächtig wirkenden Partner: Der Mann könnte ein Luhmich sein – »*ä gemehner Luhmich*« sogar! Und Geschäfte macht man mit ihm lieber auch nicht, denn dabei wird man mit Sicherheit übers Ohr gehauen!

Mahrgusch

ERZGEBIRGISCH

Unsinn erzählender Mensch

Die *Mahrgusch* schwafelt und quasselt in epischer Breite – und nichts als dummes Zeug. Es heißt »die« *Mahrgusch*, nicht etwa, weil damit das Vorurteil bestätigt werden soll, dass Frauen so viel schwatzen, sondern weil *de Gusch* im Erzgebirgischen »der Mund« bedeutet. Der erste Wortteil *Mahr* (oder auch *Maar*) leitet sich von dem Verb *mahrn* (»schwätzen, trödeln«) her. Man findet auch *marn* als Ausdruck für »langsam und umständlich sein, sehr viel erzählen«. Im gesamten ostmitteldeutschen Raum ist auch *mehren/mähren* beziehungsweise *rummehren/rummähren* für »trödeln« und »herumtrödeln« verbreitet. »Mehr nicht so rum!«, rufen die Eltern, wenn das Kind ihrer Ansicht nach wieder bummelt und Zeit vergeudet. Interessant ist, dass sich die Verben *marn, mehren, mähren* auf das mittelhochdeutsche Verb *mæren*, althochdeutsch *māren*, zurückführen lassen, welches »verkünden, berühmt machen« bedeutet und wiederum mit »Märchen« verwandt ist, sodass die *Mahrgusch*, etymologisch fundiert, mit einem Märchenerzähler verglichen werden kann. Allerdings mit einem besonders langweiligen …

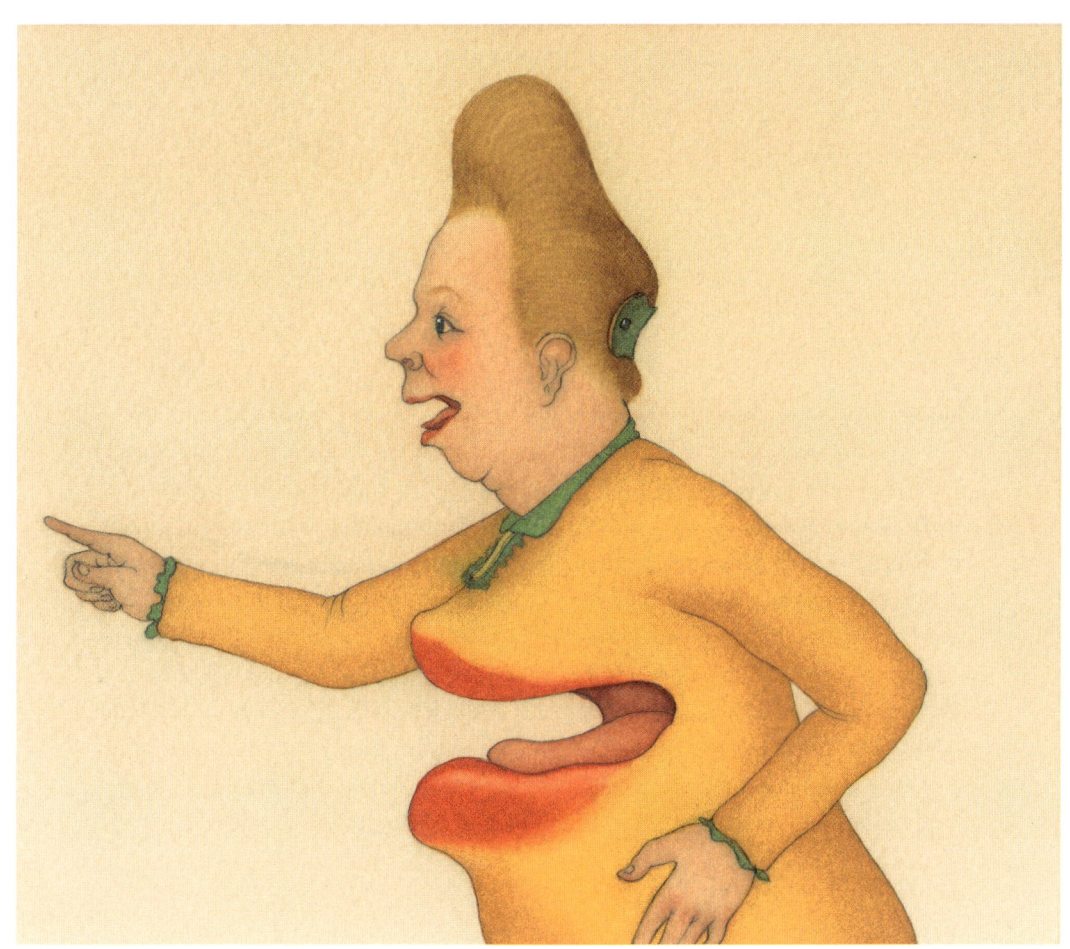

Mömmesfresser

RHEINISCH

Jemand, der vor lauter Knickerigkeit seine eigenen Popel verzehrt

Zwanghaftes Nasebohren (der fachsprachliche Ausdruck dafür lautet »Rhinotillexomanie«) gilt in medizinischer Hinsicht als ungesund, ganz im Gegensatz zum Verzehr dessen, was man in der Nase gefunden hat. Die Mukophagie (von griech. *mukos* für »Schleim« und *phagein* für »essen«) wirke, so die Theorie, dank der im Nasenschleim enthaltenen Keime wie eine natürliche Impfung. Gesundheitliche Aspekte sind es allerdings nicht, die den kölschen *Mömmesfresser* (wörtl: »Popelfresser«) zu seinen angeblichen eigenwilligen Essgewohnheiten veranlassen: Es handelt sich um einen so geizigen Menschen, dass ihm nachgesagt wird, er genieße lieber das eigene Nasensekret, als Geld für Lebensmittel auszugeben. Der gleichfalls knauserige schwäbische *Entaklemmer* isst normal – und offenbar besonders gern Eier. Damit diese auf jeden Fall in den eigenen Stall gelangen, betastet er den Bürzel der Hausente, um festzustellen, ob sie bald ein Ei legen wird. Wenn ja, lässt er sie nicht raus.

Nieselpriem

BERLINERISCH, SÄCHSISCH

**Langweiliger, einfältiger, unbeholfener Mensch,
der auch etwas mürrisch ist**

Der ostmitteldeutsche *Nieselpriem* findet sich schon lange im Berliner Dialekt und bezeichnet dort einen lahmarschigen, schlafmützigen und nicht eben unternehmungslustigen Menschen, dem man beim Gehen die Schuhe besohlen kann. Dennoch hat der *Nieselpriem* alle Kräfte zusammengerafft und ist bis nach Pirna geschlufft, wo er im Oktober 2020 als *Nieslbriem* sogar hochoffiziell zum Lieblingswort der Sachsen gekürt worden ist. Für jemanden, der als ausgeprägter Phlegmatiker gilt, ist das schon eine erstaunliche Karriere. Auf der Reise hat der *Nieselpriem* sogar seine Eigenschaften leicht verändert: In Sachsen bezeichnet man mit diesem Schimpfwort einen nicht besonders schlauen, etwas unbeholfenen und außerdem mürrischen Charakter. Entstanden ist das Wort wohl zu Zeiten, als man noch priemte, also Tabak kaute. Für den bräunlichen Tabaksaft gab es spezielle Spucknäpfe, und auch die gut eingespeichelten Tabakrückstände, der Priem, wurden irgendwann ausgespuckt. Und genieselt, also leicht und gleichsam unentschlossen geregnet, hat es ja schon immer.

Nochejasser

ÖSTERREICHISCH

Jemand, der Probleme nicht auf sich beruhen lassen kann, sondern sie noch lange diskutiert

Nochejassen – das bedeutet, analytisch und kritisch beratend tätig zu sein. Eigentlich eine segensreiche Beschäftigung – nur dass praktizierende *Nochejasser* sie prinzipiell im Nachhinein durchführen. Längst ad acta gelegte Themen werden neuerlich aufs Tapet gebracht, ausgewalzt, von allen Seiten beleuchtet. Die bevorzugte Zeitform von *Nochejassern* ist der Irrealis der Vergangenheit. Es wird gemeckert, getadelt, genörgelt, gerügt … Eine gänzlich risikolose Form der Kritik, denn an der Realität müssen die weisen Ratschläge sich nicht messen lassen. Ihr besonderes Unwesen treiben *Nochejasser* bei Familienfesten (»Wenn Tante Hedwig damals nicht …«), in der Politik (»Wir als Opposition haben schon vor geraumer Zeit …«), in Kneipen (»Wenn diese Lusche von Schiri nicht nach der Halbzeit …«) und am Veteranenstammtisch (»Wir hätten den Krieg gewinnen können…«). Letzteren ließe sich entgegnen: »Tja, liebe *Nochejasser*, er hätte gar nicht ausbrechen müssen, wenn eure Generation …« Aber lassen wir das. Denn das wäre schon wieder übelstes *Nochejassen*.

Nöttelefönes

RHEINISCH

Jemand, der von früh bis spät ständig meckert und nörgelt

Menschen, die aus dem Norden kommen und sich zum ersten Mal ins rheinische Karnevalsgetümmel stürzen, äußern oft ihr Erstaunen darüber, dass es trotz des hochgradig alkoholisierten Zustands der Feiernden keine Schlägereien gebe, sondern nur einen ins Unermessliche gesteigerten Überschwang der guten Laune. In dieser Umgebung ist der Typus des notorischen Mäklers besonders unbeliebt und hat ein eigenes Schimpfwort bekommen: *Nöttelefönes*. Das rheinische Verb *nötteln* oder *nöttele,* erläutert der Bonner *General-Anzeiger,* bedeute: unausgesetzt nörgeln. Woher der zweite Teil des Wortes komme, sei unklar. Vielleicht von Stephan oder Stephanus? Wie dem auch sei: Gegen den *Nöttelefönes* ist kein Kraut gewachsen – er ist einfach nur glücklich, wenn er sich über etwas aufregen kann! Ganz wie der schwäbische *Brommhommler,* die hessische *Knodderbicks* und der bayerische *Grantler.* Da bleibt nur eins übrig: Man sollte den *Nöttelefönes* meiden, wo man kann. Worüber er dann natürlich auch wieder meckern wird. Aber das ist er schließlich selbst schuld.

Pienzje

SAARLÄNDISCH

Weinerlicher, wehleidiger, mimosenhafter Mensch

Ein *Pienzje* pienzt bei jeder Gelegenheit. *Pienze* bedeutet: »mit weinerlicher Stimme jammern, klagen«. Und als Adjektiv dazu gibt es im Rheingau *pienzig:* »Sei nit so pienzig!« So wird das *Pienzje* zur Ordnung gerufen – nicht immer mit Erfolg, denn es ist halt überempfindlich und mimosenhaft, kurz: »ein rechter Pimperling«, wie Katja Manns Mutter Hedwig Pringsheim-Dohm über den Schwiegersohn schrieb. Ein schlimmes Schimpfwort ist Pienzje gleichwohl nicht. Häufig kommt es sogar vor, dass *Pienzje* sich in lobenswerter Selbsterkenntnis selbst so bezeichnen, weil sie etwa beim ersten Regentröpfchen den Schirm aufspannen, beim Zahnarzt schon vor der Behandlung anfangen zu jammern und bei kaltem Wetter am liebsten gar nicht vor die Tür gehen. Im Rheingau wird das *Pienzje* übrigens auch, in lautmalerischer Wiedergabe des Jammerns, als *Eujeuche* bezeichnet oder, noch schöner, als *Wasdannche* – weil es sich immer Sorgen darüber macht, »was dann« sein könnte.

Pomuchelskopp

NORDOSTDEUTSCH

Beschränkter Mensch, der zudem missmutig, unzugänglich und unbelehrbar ist

Jedes Kind in Ostpreußen kannte den *Pomuchel*, der den Dorsch bezeichnete, den Kabeljau, der in der Ostsee lebt – und der dort heutzutage nicht mehr sehr zahlreich vorkommt, weil ihm Klimawandel und Meeresüberdüngung die Lebensgrundlage rauben. Schade, denn der *Pomuchel* ist ein schmackhafter Speisefisch, den sogar Günter Grass in seinem Werk *Der Butt* erwähnt. Darin versucht die Köchin zwischen zwei verkrachten Kontrahenten mittels eines köstlichen Dorschgerichts Frieden zu stiften, denn: »Pomuchel verzanken heißt Liebgottchen nicht danken.« Widerstandsfähiger als der Fisch selbst ist, als Bezeichnung und Charakter, der *Pomuchelskopp*. Leider, muss man sagen, denn er zeichnet sich durch starrsinniges Beharren auf seiner beschränkten Weltsicht aus, die er missgelaunt und mit quasi chronisch verkniffenem Gesichtsausdruck vertritt, wodurch er optisch dem Dorsch ähnelt, der durch seine leicht heruntergezogenen Mundwinkel ebenfalls immer etwas mürrisch aussieht.

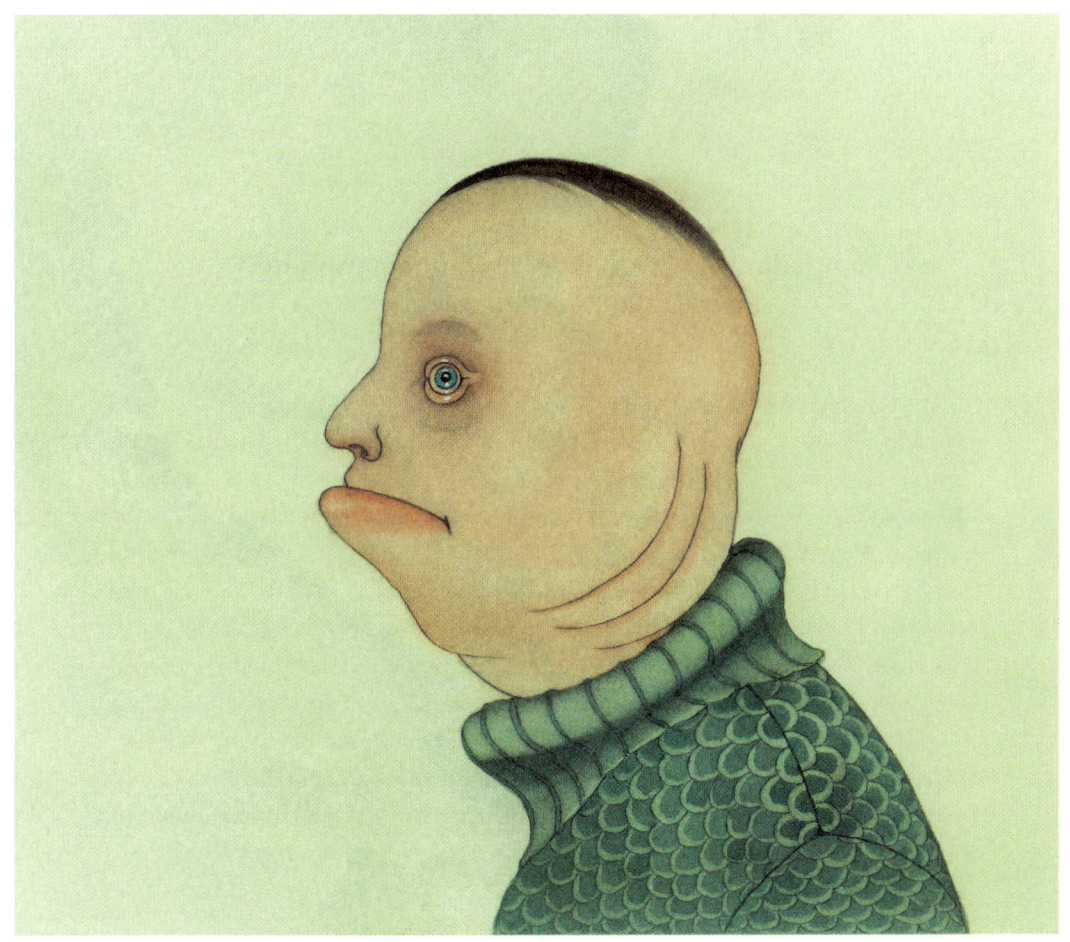

Puderant

ÖSTERREICHISCH

Ein Mann, der sein rein sexuelles Interesse an den Frauen so oft wie möglich realisiert

»Poppen«, »pimpern«, »schnackseln« – für die schönste Sache der Welt gibt es zahllose Ausdrücke. In Österreich sagt man *pudern,* was angeblich von »buttern« kommt, also von der Bewegung des Stößels im Butterfass, und bezeichnet Dessous als *Puderwäsch.* Bei eher wahllosem Vorgehen, gern auch mal wildernd in Nachbars Garten, spricht man von *querpudern,* was im deutschen Norden mit dem Satz *»Häi häff unner'n Tuun her frätt'n«* (»Er hat unterm Zaun hergefressen«) verdeutlicht wird. Ein *Puderant* ist jemand, der diese Tätigkeit exzessiv betreibt, nichts als Sex im Kopf hat und jede Frau aufreißt, oder es zumindest versucht. Jener Männertypus, den selbstbewusste junge Frauen von heute drastisch als *fuckboy* bezeichnen – und auf den sie nicht mehr reinfallen. Denn wie heißt es so schön am Ende der »Rotkäppchen«-Parodie von James Thurber, nachdem das Mädchen einen Revolver aus seinem Korb geholt und den Wolf erschossen hat? *»Moral:* Es ist heutzutage nicht mehr so leicht wie ehedem, kleinen Mädchen etwas vorzumachen.«

Ratschkathl

BAYERISCH

Geschwätzige weibliche Person

Schnell! Halten wir die *Ratschkathl* am Schürzenband fest, bevor sie im Museum der Sprachgeschichte verschwindet! Mit Schürze nämlich, so das Klischee, kommt die *Ratschkathl* praktisch zur Welt, ebenso mit Putzeimer und Schrubber. Im Treppenhaus auf diesen gestützt, ratscht sie – das heißt, sie redet und redet und redet. Nicht immer fundiert, das nicht – aber viel. Nicht immer klug, das nicht – aber laut. Geheimnisse kann sie nicht für sich behalten. Und Kathl – die bayerische Koseform von Katharina – muss sie auch nicht unbedingt heißen. Die Volksschauspielerin, die die *Ratschkathl* unsterblich machte, hieß Ida Schumacher; sie hat sogar ein Denkmal auf dem Viktualienmarkt bekommen – eine Figur, die die Frage nach dem damit verewigten Frauenbild aufwirft. Das männliche Gegenstück zur *Ratschkathl?* Nun, es existiert durchaus: Es ist der Welterklärer, der Mansplainer, der seine weiblichen »Gesprächspartnerinnen« dabei zuweilen schier ins Koma versetzt.

Ruamzuzler

WIENERISCH, BAYERISCH

Spöttische Bezeichnung für einen hinterwäldlerischen Landbewohner

»Regionalschelten«, so Oksana Havryliv in ihrem Werk *Verbale Aggression: Formen und Funktionen am Beispiel des Wienerischen,* »sind pejorative Lexeme, die Einwohner benachbarter Regionen bezeichnen […], sowie pejorative Lexeme, die Stadtbewohner für Dorfbewohner verwenden. Wunderbarer kann man es nicht ausdrücken. Der »Rübensauger« ist nicht nur eine abwertende Bezeichnung für Einwohner von Niederösterreich, wo der traditionelle Zuckerrübenanbau seit 2021 einen fulminanten Aufschwung erlebt, sondern bezeichnet generell einen ungehobelten, ungebildeten, auch dickschädeligen und beschränkten Landbewohner, der sich den Errungenschaften des modernen Lebens verschließt. Die Bewohner der kleinen Ortschaft Hirm im Burgenland allerdings reagieren mit großer Souveränität und kündigen stolz ihren »Faschingsumzug der *Ruamzuzler*« an, was den Vorwurf der Beschränktheit eigentlich schon ad absurdum führt.

Schaffschuhversteckler

SAARLÄNDISCH

Jemand, der sich vor der Arbeit drückt

Gründe, um der Erledigung von Aufgaben aus dem Weg zu gehen, gibt es unzählige: die plötzliche und völlig außer Gefecht setzende Kopfschmerzattacke, der dringende und soeben erst ins Gedächtnis zurückgerufene Termin, der unaufschiebbare Gang aufs Klo, wenn beim Abtrocknen geholfen werden soll. Im Saarland werden, so legt es jedenfalls das Schimpfwort nahe, einfach die Arbeitsschuhe versteckt. Weg, futsch, nicht mehr aufzufinden. Und ohne kann man ja nicht arbeiten. Leider!
Auf dem Jakobsweg, dem berühmtesten Pilgerpfad Europas, ist dieser Begriff sogar bis nach Spanien vorgedrungen, allerdings in der Verneinungsform, wie der Newsletter der Pilgerseelsorge in Santiago de Compostela 2017 mit Stolz feststellte: Über die Aktivitäten der engagierten freiwilligen Helfer bemerkte eine Pilgerin aus dem Saarland anerkennend, sie seien »keine ›Schaffschuhversteckler‹«.

Schlambambel

PFÄLZISCH

Schlampige Wirtschafterin

Zu Zeiten, als die Rolle der Hausfrau und Mutter für Frauen die einzig ehrenhafte war, stellte eine Bezeichnung wie *Schlambambel* geradezu den Daseinszweck der Beschimpften infrage. Und trotz aller Veränderungen, trotz des Stolzes, mit dem mancherorts das lässige Chaos zelebriert wird: Der Ausdruck hat überlebt, und zwar nicht nur in der Pfalz. Bereits im Jahr 1800 definierte das *Westerwäldische Idiotikon* die *Schlambambel* als »eine Weibsperson, die nicht nur nachläßig und unreinlich im Anzuge und in der Wirthschaft ist, sondern sich auch aus Trägheit kaum bewegen mag«. In Frankfurt bedeutet der Begriff »Schlamassel«. Der *Schlambambes* hingegen, mit -s, ist im Hunsrück ein flatterhafter Mensch und bezeichnet im Rheingau »Schlamm, Straßendreck«. Dann hält man sich doch lieber in einer schlampigen Wohnung auf – am liebsten bei einem *Schlampamperstündchen!* So bezeichnete Goethe die erotischen Stunden mit Christiane Vulpius, die bekanntlich alles andere als eine *Schlambambel* war, sondern dem »Olympier« tatkräftig und resolut den Haushalt führte.

Schlaudabbes

MUNDART ST. LEON-ROT

**Jemand, der sich beschränkt stellt,
um seine Ziele besser erreichen zu können**

Einer alten Lebensweisheit zufolge muss man so schlau sein, dass man sich nötigenfalls dumm stellen kann. Der *Schlaudabbes* aus St. Leon-Rot hat diese Maxime zum Lebensprinzip erhoben. Er ist schlau, aber ein *Dabbes* (»Tollpatsch, Dümmling«) ist er gerade nicht. Er gibt sich nur den Anschein, um so seine Ziele besser verfolgen zu können. Mit harmlosem Schafsgesicht erträgt er den Spott der vermeintlich Überlegenen und zieht dabei heimlich seine Strippen. Äußerst gewitzte *Schlaudabbesse* waren einige Narren an den Fürstenhöfen vergangener Zeiten, die im Schutz ihrer angeblichen Beschränktheit die Annehmlichkeiten des Lebens bei Hofe in vollen Zügen genossen. Unbehelligt durften sie die Herrschenden kritisieren und wussten sich oft eine einflussreiche Stellung zu verschaffen.

Schnudergoof

SCHWEIZERDEUTSCH

Vorlautes Kind

Ach, die Kinder! Süß können sie sein, aber auch frech. Wenn es zu dreist wird, heißt das Kind im Schweizer Dialekt nicht mehr *Chind,* sondern *Goof.* Und ist der Ärger seitens der Erwachsenen sehr groß, wird der Ausdruck mit *Schnuder* (»Rotz, Schnodder«) verstärkt – eben zu *Schnudergoof.* Ein kleines Kind eigentlich, das sich noch nicht selbst die Nase putzen kann, das aber trotzdem daherredet, als hätte es die Weisheit mit Löffeln gefressen. Das Wort wird zudem gern benutzt, um eine vermeintliche Überlegenheit gegenüber jenen auszudrücken, die allein aufgrund ihrer Jugend keine Ahnung haben. Die *Luzerner Zeitung* jedoch brach im Januar 2019 eine Lanze für die jungen Leute, die für die Fridays-for-Future-Demonstrationen die Schule schwänzen und dafür von Älteren, angeblich Weiseren, Erfahreneren, als *Schnudergoofen* bezeichnet werden. Denn, so impliziert die Kolumnistin, wissen es nicht in diesem Fall die vermeintlichen *Schnudergoofen* viel, viel besser als die Alten?

Spitzklegger

SAARLÄNDISCH

Spitzfindiger, überschlauer Mensch, der aber eigentlich gar nichts weiß

Laut Duden setzt sich das Wort »Spitzklicker« aus dem Adjektiv »spitz« in der veralteten Bedeutung »überklug, scharfsinnig« und dem Verb »verklickern« für »etwas genau erklären« zusammen. Gemeint ist damit das »Schlitzohr«, der »Schlauberger«, aber auch der »Erbsenzähler«. Dem *Spitzklegger* geht es also nicht um Kommunikation, um den Austausch von Argumenten auf Augenhöhe. Er hat auch kein Interesse am Gesprächspartner oder daran, dessen Sichtweise zu verstehen. Jeder Dialog ist für den *Spitzklegger* nur eine Möglichkeit zur Selbstdarstellung, eine Bühne, auf der er sich als besser informiert, als gebildeter, als klüger gerieren kann. Er stürzt sich auf die kleinste Ungenauigkeit, spießt vermeintlich falsche Termini auf (»Es heißt nicht ›Walfisch‹, der Wal ist gar kein Fisch!«) und protzt mit irrelevantem Detailwissen. Am eigentlichen Gesprächsthema argumentiert und doziert er souverän so lange vorbei, bis niemand mehr weiß, worum es eigentlich ging – am allerwenigsten der leidgeprüfte Diskussionspartner.

Spökenkieker

PLATTDEUTSCH

Jemand, der »Gespenster sieht« und das Gras wachsen hört – ein pessimistischer Spinner

In früheren Jahrhunderten waren die *Spökenkieker* (wörtlich: »Spukseher«) geachtete Personen mit dem »zweiten Gesicht«, konnten sie doch mit der Geisterwelt in Verbindung treten und zukünftiges Geschehen voraussagen – Todesfälle, Kriege, Naturkatastrophen, Krankheiten … Manchmal traten diese Ereignisse erst Jahre später ein, aber das machte nichts, sie hatten es ja prophezeit. In mehreren Städten, etwa in Harsewinkel im Münsterland, ist der *Spökenkieker* sogar als Denkmal verewigt. Heute würde man Zukunftsvisionen eher unter »Halluzinationen« oder »wahnhaftes Erleben« subsumieren und eilends einen Psychiater oder Neurologen zurate ziehen. Der *Spökenkieker* in seiner modernen Form ist dennoch sehr aktiv. Er sinniert, er spintisiert, er grübelt – und alles kommt ihm sehr verdächtig vor und kann weder gut noch mit rechten Dingen zugehen. Im Sprachgebrauch ist er zum »Spinner« mutiert, zum gewohnheitsmäßigen »Schwarzseher«, der »Gespenster sieht« – und eine beachtliche Schnittmenge mit dem Persönlichkeitsbild des Verschwörungstheoretikers aufweist.

Tschapatalpi

SCHWEIZERDEUTSCH

Nicht sehr intelligente, tendenziell auch körperlich ungeschickte Person

Das romanische Verb *tschappar* (ausgesprochen: »tschappà«) für »schnappen, ergreifen« hat sich aus dem lateinischen Verb *capere* (»fangen, fassen«) gebildet. Der zweite Teil des Begriffs geht auf das lateinische Wort *talpa* für »Maulwurf« zurück. Ein *Tschapatalpi* ist also eigentlich ein »Maulwurffänger«. Wie der Ausdruck seine abwertende Bedeutung bekam, ist unklar, denn eigentlich muss ein Maulwurffänger ja sowohl clever als auch geschickt und schnell sein – zumindest waren diese Eigenschaften nötig, als man das buddelnde Tierchen noch fangen und sogar töten durfte, es also nicht wie heute per Gesetz geschützt war. Fest steht: »*Du Tschapatalpi!*« ist eine sehr viel charmantere und dazu noch kryptisch-geheimnisvolle Beschimpfung für einen Dummkopf als die gängigen Scheltworte – und mit der Erklärung kann man außerdem auf Partys Eindruck schinden.

Tüddelbüddel

HAMBURGISCH

Jemand, der gern Geschichten erzählt und dabei souverän an der Wahrheit vorbeischrappt

Der *Tüddelbüddel* erzählt, erfindet, nimmt hier was weg, fügt dort noch was hinzu. Die Wahrheit ist es dann nicht, was man von ihm zu hören bekommt. Aber der *Tüddelbüddel* lügt nicht, um sich Vorteile zu verschaffen oder um andere in Misskredit zu bringen, sondern aus purem Spaß am Plaudern, hierin dem Geheimen Rat Goethe ähnlich, der seine »Lust zu fabulieren« auf sein mütterliches Erbe zurückführte. Nicht ganz so hochliterarisch fantasierte der Freiherr von Münchhausen. Der Hamburger *Tüddelbüddel* kann übrigens als Entschuldigung für seine Flunkereien jederzeit anführen, er sei halt etwas *tüddelig* (»verwirrt, durcheinander«), wie die Oma, deren beginnende Demenz in der Hansestadt liebevoll als *Tüddeligkeit* verharmlost wird. Und was hat der »Jung mit'n Tüdelband« in dem bekannten Hamburger Gassenhauer damit zu tun? Nichts. Als *Tüdelband* wurde damals – zu Beginn des 20. Jahrhunderts – ein eiserner Fassreifen bezeichnet, den die Kinder gerne mit einem Holzstab vor sich hertrieben und ins Trudeln versetzten.

Urumbel

HESSISCH

Ungeschickter, tollpatschiger, schwerfälliger Mensch, ständig in lauter und störender Aktion dabei tendenziell starrköpfig und stur

»Was rumpelt und pumpelt in meinem Bauch herum?«, fragt der böse Wolf und gibt sich selbst die Antwort: »Ich meinte, es wären sechs Geißlein, so sinds lauter Wackerstein.« Darauf, dass ein *Urumbel* dort sein Unwesen treibt, kommt er korrekterweise nicht, obwohl es passen würde, denn der *Urumbel* tut genau das: rumpeln und pumpeln. Ob sich das Wort von diesen Verben herleitet, lässt sich nicht ermitteln. Unbestritten hingegen ist, dass es sich beim *Urumbel* um einen eher ungelenken Zeitgenossen handelt: Er knallt die Türen, schmeißt Gegenstände um, bleibt mit dem Ärmel an wertvollen Mingvasen hängen und versteht gar nicht, was er denn nun schon wieder angerichtet haben soll. So recht verantwortlich machen kann man ihn für seine tollpatschigen Unfälle vielleicht wirklich nicht, denn oft fehlt dem *Urumbel* schlicht das Gefühl für seine Körpermaße. Ein wunderbares Schimpfwort also für den bekannten Dickhäuter im Porzellanladen. Wichtig ist dabei die Aussprache: *Uuuu-rumbel* mit langem U und auf der ersten Silbe betont!

Vorwiddstuut

SAARLÄNDISCH

Neugieriger Mensch, der immer alles ganz genau wissen will, besonders über seine Mitmenschen

Als »Vorwitztüte« bezeichnet man im Saarland ein äußerst wissbegieriges Wesen, das seine Nase gern in fremder Leute Angelegenheiten steckt und gar nicht genug Neuigkeiten bekommen kann. Die ursprüngliche Bedeutung von *Vorwiddstuut* entspricht der sogenannten »Wundertüte«, österreichisch *Glückspackerl,* die viele von uns aus ihrer Kindheit kennen: rechteckige Papiertüten für zehn oder zwanzig Pfennig, befüllt mit billigen Süßigkeiten und winzigen Spielzeugartikeln. Die Enttäuschung ist also eigentlich vorprogrammiert, der Inhalt stand und steht in keinem Verhältnis zum großartigen Glücksversprechen der Bezeichnung. Dennoch verheißt sie nach wie vor Überraschendes, gar Sensationelles, die Erfüllung sehnlichst gehegter Wünsche. Die *Vorwiddstuut* selbst kann in der Regel mit nichts Spektakulärem aufwarten, hofft aber wohl, den Mangel an Buntheit im eigenen Leben durch Sensationen aus zweiter Hand wettmachen zu können. Vielleicht sollte sie sich weniger um das Leben der anderen und stattdessen mehr um ihr eigenes kümmern …

Wutzebäbbel

PFÄLZISCH

Jemand, der sich völlig verdreckt hat

Ein *Wutzebäbbel* ist jemand, der sich schmutzig gemacht hat – allerdings nicht nur ein bisschen bekleckert, sondern so richtig eingesaut. Zusammengesetzt ist das Wort aus *Bäbbel,* was pappig-matschigen Dreck bezeichnet, und Wutz, »Schwein«. Die Älteren unter uns erinnern sich noch an das mütterliche Schwein Wutz aus dem Kinderbuch *Urmel aus dem Eis* von Max Kruse oder an die gleichnamige Verfilmung mit den Marionetten der Augsburger Puppenkiste. Wutz wohnt in der Tonne neben dem Haus des Professors, kümmert sich zärtlich um das »Urmeli« und ist keineswegs dreckig, sondern führt sauber und sorgsam den Haushalt. Dass das Schwein Wutz einfach »Schwein« heißt, fiel damals vermutlich nur Zuschauenden aus dem westmitteldeutschen Sprachraum auf. *Wutzebäbbel* ist sicher keins der schlimmeren Schimpfworte. Eher könnte man, mit liebevollem Kopfschütteln, ein Kind so nennen, das ausgiebig und mit Freude im Matsch gespielt hat und nun stolz die entsprechenden Folgen für die Kleidung sowie die unbekleideten Körperteile präsentiert.

Zwiderwurzn

BAYERISCH, ÖSTERREICHISCH

Mürrische, grantige, unausstehliche Person

»Dieser Mensch ist mir zuwider!«, heißt es, gleichsam mit spitzen Lippen, wenn man ausdrücken will, dass man jemanden ganz und gar nicht leiden kann. Verewigt ist der Begriff in einem wunderbaren Lied von Kurt Sowinetz, dem bekannten Wiener Volksschauspieler und Sänger, der auf die Melodie von Beethovens »Ode an die Freude«, die als Europahymne Karriere machte, seinen Überdruss an all den lieben Mitmenschen ausdrückte:

Alle Menschen samma zwida, i mechts in die Goschn haun
Mir san alle Menschen zwida, in die Goschn mecht i's haun.
Voda, Muada, Schwester, Bruada und de ganze Paklraß
Alle Menschen samma zwida, wann i Leit siech geh'r i haß

Diese Menschenfeindlichkeit, verbunden mit der Tatsache, dass er »wütend wird«, wenn er »Leute sieht«, führt allerdings laut Liedtext dazu, dass Sowinetz nun selbst für die anderen als *Zwiderwurzn* gilt. Doch einer rechten *Zwiderwurzn*, der ist das gerade recht!

Register

Abeemick 40
Allmoi 8
Bäbbel 106
Bagalut 10
ballerig 12
Ballerjochen 12
Ballertralle 12
Bazi 20
Bibbel 14
Bibbelnecksern 14
Bissgurkn 16
Bissgurrn 16
Bixlmadam 30
Bixnmacher 18
Breznsoiza 20
Brommholmer 72
Bullerballer 24
bullerballern 24
Bünzli 22
Chind 90
Dabbes 88
Dätschler 32
Dipfalesscheisser 26
Drahdiwaberl 28
Dunsel 30
Entaklemmer 66
Eujeuche 74
Flitscherl 14
Föhlvornmors 32

Föttchesföhler 32
Füdlatätschar 32
Fuschti 34
Gandi 20
Gassalächler 36
Gassengl 36
Geherdale 38
Goof 90
Goschn 106
Grantler 72
Gusch 64
Gwandlaus 40
Halbdackel 42
Halfjehang 48
Hannewoggel 5
Hasäfüdlä 44
Haselatsche 44
Heiopei 46
Hemmelecker 48
Hiennaommiseckl 50
Hinnedruffsteller 52
Hôdadiil 14
Hollebobbel 60
Hoseglunggi 48
Hudriwudri 54
hurri-burri 54
Hushechler 36
Huskrächler 36
Huusbengl 36

Jückradiesje 56
Knieskopp 4
Knisterfister 5
Knodderbicks 72
Kommodehellije 58
Kränzkesdrisser 26
Kribbelbisser 16
Labbeduddel 60
Lällebäbbel 60
Luhmich 62
Mahrgusch 64
mahrn 64
mehren 64
Mömmesfresser 66
neckse 14
Nieselbriem 68
Nieselpriem 68
Nochejasser 70
Nöttelefönes 72
nötteln 72
Oaschwoazn 40
Obervolldepp 42
Paklraß 106
Pfripfler 34
Pienzje 74
Pomuchel 76
Pomuchelskopp 76
Puderant 78
pudern 78

Puderwäsch 78
querpudern 78
Ratschkathl 80
Ruamzuzler 82
Rüffje 14
Saulud'r 5
Schaffschuhversteckler 84
Schlambambel 86
Schlambambes 86
Schlampamperstündchen 86
Schlaudabbes 88
Schnieeschörje 5
Schnudergoof 90
Spitzklegger 92
Spökenkieker 94
Tschapatalpi 96
Tüddelbüddel 98
tüddelig 98
Tüdelband 98
Urumbel 100
Vorwiddstuut 102
Wasdannche 74
Wildeman 24
Wutzebäbbel 104
Zwiderwurzn 106

Quellen

Berchtold, Wolfgang, *Das Vorarlberger Schimpfwörterbuch. Schimpfen, Fluchen und Spotten in Vorarlberg*, Bregenz: Edition V 2019

Cnyrim, Petra, *Das Buch der Schimpfwörter und Flüche*, München: Riva 2021

Färver, Jupp, *Kölner Schimpfwörter. So richtig auf den Putz hauen. Op Kölsch*, Köln: 5. Auflage, Mundo Marketing GmbH 2016

Henning, Paul, *Schimpfwörter Sammelsurium. Buch der schmutzigen Wörter*, Berlin: Omnino Verlag 2022

Lewis, Ingrid, Naumann, Bernhardt, *Das Hessische Schimpfwörterbuch. Lauter beese Wörter*, 17. Auflage, Oberhaching: Naumann Verlag 2017

Mehofer, Anna, *Schimpfen wie ein echter Wiener*, 3. Auflage, Wien: Holzbaumverlag 2018

Sauer, Walter, *Das Pfälzische Schimpfwörterbuch. Allerhand uumegliche Wörter*, Oberhaching: Naumann Verlag, 2009

Tremmel, Paul, *1000 Worte Pfälzisch mit Schimpfwörterlexikon*, 11. Auflage, Neustadt / Weinstraße: Meininger Verlag GmbH 2011

Andrea Schomburg

ist Kabarettistin und Autorin. Sie lehrt Lyrik und Theatertechniken an der Universität Lüneburg und hat neben Lyrikbänden für Erwachsene zahlreiche Kinderbücher veröffentlicht. Bei DuMont erschienen bereits *Der geheime Ursprung der Wörter* und *Der geheime Ursprung der Redensarten*.

ISBN 978-3-8321-9966-1

ISBN 978-3-8321-9997-5

Nikolaus Heidelbach

lebt in Köln. Seine Bilderbücher und Illustrationen wurden vielfach ausgezeichnet, für sein Gesamtwerk erhielt er den Sonderpreis des Deutschen Jugendliteraturpreises. Die von ihm ausgewählte und illustrierte Ausgabe der *Märchen der Brüder Grimm* von 1995 wurde ebenso gefeiert wie seine 2004 erschienene Ausgabe der Märchen von Hans Christian Andersen. Bei DuMont veröffentlichte er zusammen mit Wiglaf Droste und Vincent Klink die Bände *Wurst, Weihnachten, Wein, Wild, Gemüse* und *Liebe* und mit Sofia Blind *Wörter, die es nicht auf Hochdeutsch gibt*.

ISBN 978-3-8321-9956-2

Dieses Buch wurde klimaneutral gedruckt.

Impressum

© 2023 DuMont Buchverlag, Köln
Alle Rechte vorbehalten

Korrektorat: Kerstin Thorwarth
Satz: Birgit Haermeyer
Reproduktionen: PPP Pre Print Partner, Köln
Druck und Bindung: L.E.G.O. Spa, Vicenza
Printed in Italy

ISBN 978-3-8321-6930-5
www.dumont-buchverlag.de